I0179102

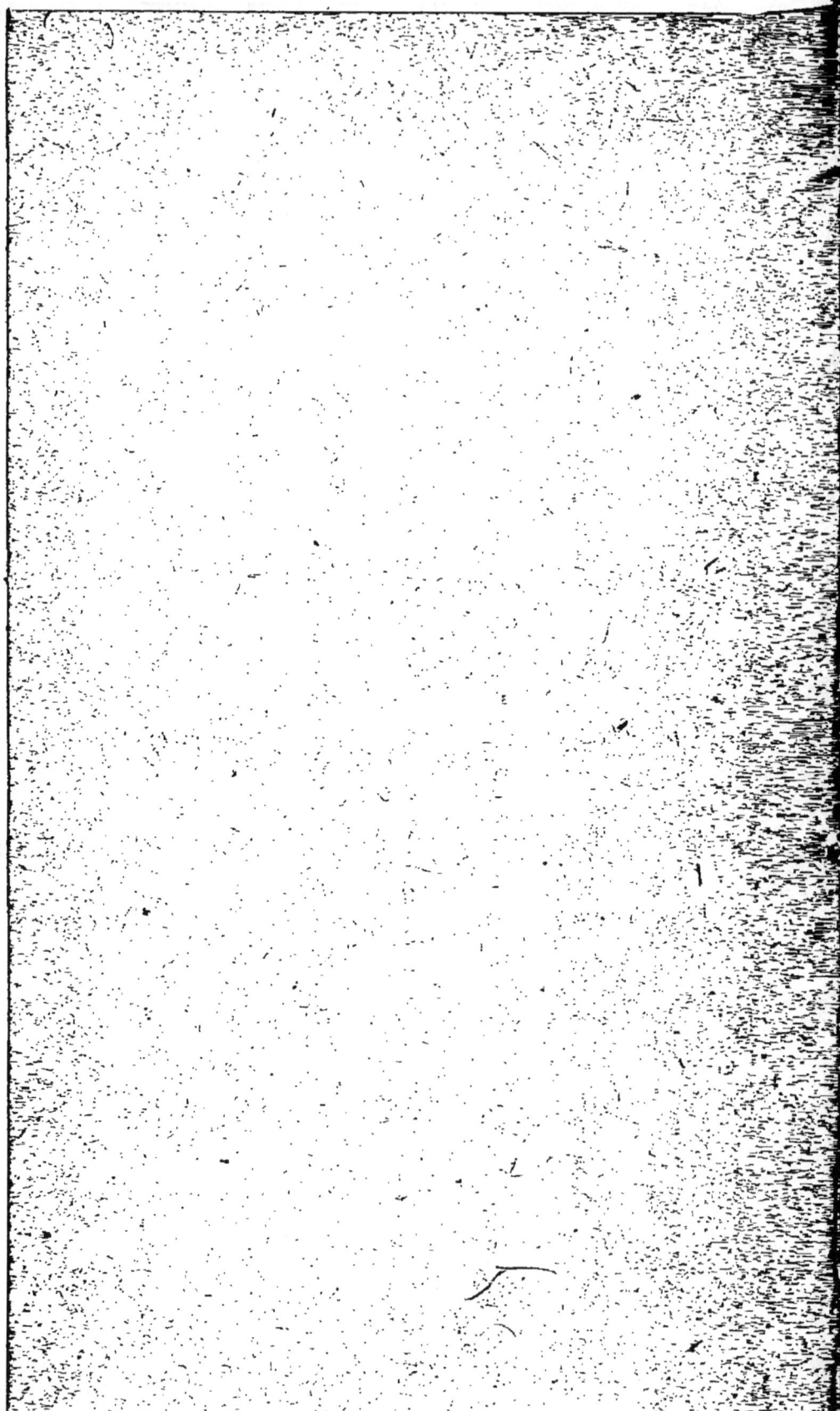

THIERS

Propriété de l'Éditeur.

———

Droits de reproduction et de traduction réservés.

LES HOMMES DE LA RÉVOLUTION

PAR UN

PUBLICISTE

THIERS

PARIS
LIBRAIRIE BALTENWECK
7, rue Honoré-Chevalier, 7
1876

CHAPITRE PREMIER

L'étude qui suit n'a pas les allures d'un pamphlet. L'auteur de ces lignes combat pour une cause plus grande, sinon plus utile que celle de la politique ; il ne cède ni à des rancunes, ni à l'amertume de ses déceptions ; il est animé d'une seule ambition : montrer les caractères propres de la Révolution, faire apparaître dans le jour les idées, les œuvres, les hommes qui soutiennent le règne de l'esprit révolutionnaire. Or, dans notre temps, M. Thiers a été l'un des défenseurs les plus énergiques de ce fatal esprit : il en a entretenu le culte durant toute sa vie, et les générations qui viendront après nous iront puiser dans ses œuvres l'attachement à des principes qui, après avoir perdu notre pays, arrêtent son essor moral et ralentissent aujourd'hui encore jusqu'à son progrès matériel. Principes d'une destinée singulière, qui ont imposé leur empire dans notre pays, au moment même où les progrès de la ri-

chesse publique sont venus dissimuler
à nos yeux toutes les causes morales de
l'abaissement des âmes et de la division
à laquelle la nation française est ré-
duite !

L'écrivain qui veut employer pour la
défense des idées saines et droites le
journal, la brochure, le livre dont
M. Thiers s'est servi pour répandre
l'esprit révolutionnaire, rencontre dans
ses souvenirs et dans sa conscience le
premier obstacle et la première hésitation. On aura beau dire, on aura beau
mettre à nu l'absence de morale qui

est le trait caractéristique des œuvres politiques de M. Thiers, on aura beau découvrir l'immense orgueil, la puérile vanité, l'ambition démesurée de l'ancien Président de la République française, quelques actes de sa vie, actes vraiment habiles, inspirés par une rare prévoyance, et accomplis avec les apparences du patriotisme le plus pur et le plus ardent, conserveront à son front l'auréole prestigieuse de l'éminent homme d'État, du citoyen dévoué, de l'homme courageux. Si l'on considère ensuite les pénibles circonstances au milieu desquelles M. Thiers a servi le

pays, on ne peut s'empêcher, à quelque
origine qu'on doive rapporter l'inspiration de sa conduite, de se sentir re-
connaissant de son énergie et de cer-
taines de ses œuvres. L'ancien Président
de la République a pu céder à de mes-
quines tentations d'ambition ; il n'a pu
voir dans les malheurs publics que les
éléments du piédestal sur lequel il a
fait un instant l'admiration du monde ;
on ne pourrait toutefois méconnaître
sans injustice que ces tentations, que
ces aspirations ont contribué à apaiser
notre pays et à nous rendre une part de
nos forces.

Toutefois devons-nous hésiter ? Quelque délicate que soit notre tâche et quelque difficile qu'il puisse paraître d'en faire goûter l'utilité, devons-nous pardonner à l'esprit révolutionnaire de M. Thiers en faveur de ses œuvres patriotiques ? Nous est-il permis en faveur de ces mêmes œuvres de briser notre plume et de jeter un voile sur les erreurs de l'ancien président — erreurs fatales à notre pays, que M. Thiers ne répand plus aujourd'hui avec la seule autorité d'un grand talent, mais surtout à l'aide du prestige de grands services ? Non.

C'est parce que les événements ont accrédité ce qu'on nomme les idées de M. Thiers, avec plus de puissance que n'avait pu le faire son talent, c'est parce que son mérite s'est accru dans une portion de l'opinion publique de toute la hauteur de ses œuvres; c'est pour cela que, distinguant les œuvres des idées, nous croyons faire une œuvre patriotique, en faisant ressortir les erreurs de l'ancien Président de la République! Ah! si les dogmes révolutionnaires subsistaient longtemps encore, si les efforts des esprits honnêtes ne prêtaient pas leur appui aux événements qui nous montrent la fausseté et le danger des idées de la Révolution, quels malheurs, quels troubles, quel naufrage ne faudrait-il pas prévoir !

CHAPITRE II

La vie de M. Thiers ne se signale par aucun trait lumineux. D'idées particulières, grandes ou petites, il n'en a point défendu constamment ; de causes spéciales, justes ou injustes, il n'en a point soutenu. Dans l'ordre politique il s'est tour à tour constitué le champion de la monarchie de juillet, de la République de 1848, du second empire

et de la troisième République. Dans
l'ordre purement intellectuel, il a in-
scrit sur ses tablettes des formules géné-
rales, et il a emprunté à ces formules
vagues l'esprit qui les animait. Mais
à cet esprit il y est demeuré fidèle
pendant toute sa vie, dans toute la variété de projets et de pensées qu'il a
encouragés ou répandus.

Né dans les dernières années du
XVIIIᵉ siècle, en 1798, M. Thiers arriva
à l'âge d'homme dans le temps que la
restauration de la monarchie restaurait
la gloire et la prospérité de la France.

L'œuvre de Louis XVIII, continuée par
Charles X, rencontrait alors de formi-
dables obstacles. L'esprit public avait
gardé, des désordres de 1792, une sorte
d'ébranlement fébrile. Le mouvement
de la Révolution n'était pas encore
calmé; le respect de l'autorité n'était
pas relevé; le corps de la noblesse rappelait les abus qui avaient amené son
exil, et l'opinion publique gardait pour
l'impiété des œuvres des Philosophes,
et les rêveries des Économistes, le culte
qui avait bouleversé notre pays en
1789.

Cependant, si l'on pénétrait jusqu'au fond de ces rancunes malsaines et de cet esprit frondeur, on distinguait bientôt deux sentiments respectables : l'amour de la liberté et le mépris de l'oppression. Fallait-il d'autres principes pour entraîner, à la suite des hommes qui avaient vécu pendant la Révolution, la génération qui se levait ? On parlait à la jeunesse de liberté, on lui rappelait les institutions qu'il avait fallu détruire pour la conquérir. A ces paroles, la jeunesse se précipitait vers la liberté ; mais, les institutions qu'elle avait appris à détester dans le passé ayant transmis leur nom aux institutions qui se relevaient avec l'ordre public, elle joignait au culte idéal de la liberté le dédain et la haine du mouvement libéral que la monarchie avait inauguré et qu'elle entretenait. On semblait ne pas vouloir croire à la réalité des institutions sages et libres, que fondaient les descendants de Louis XIV, aidés par des héritiers des intendants et des administrateurs de Louis XV, et les esprits se portaient comme d'eux-mêmes vers une Révolution nouvelle exempte des crimes de 1793 !

Telle fut l'atmosphère dans laquelle

M. Thiers s'éleva et grandit. A peine le futur président de la République française tint-il une plume, qu'il définissait en des termes d'une saisissante réalité la sorte d'étonnement, d'incrédulité et d'impatience qu'éprouvait l'opinion publique en recevant la liberté de la main d'un roi. Dans les premiers numéros du *National*, M. Thiers disait en parlant du Roi et de ses ministres : « Acculés aux extrémités de la Charte, s'ils y restent, ils y étoufferont, et s'ils en sortent, nous les tuerons. » Les ministres essayèrent d'en sortir : la Révolution de 1830 les tua.

L'idée qui imprégnait la menace que M. Thiers formulait ainsi, dans les premiers temps où il se servit de sa plume de journaliste, est celle-là même qui survivra à tous les actes de son aventureuse existence. Amant de la Révolution, il en gardera le culte dans toute la variété de ses conditions ; il en ravivera le souvenir dans l'esprit des hommes de sa génération, qui, en vieillissant, auront appris des événements à en redouter la désastreuse puissance.

En effet, le gouvernement du roi Louis-Philippe, pendant le règne du-

quel il avait propagé, soutenu, défendu
les idées révolutionnaires, touchait à
sa fin, lorsque M. Thiers donna une
expression plus complète au mobile
qui avait dirigé sa conduite : « En-
tendez bien mon sentiment, dit-il à la
Chambre des députés, je suis du parti
de la Révolution tant en France qu'en
Europe. Je souhaite que la Révolution
reste dans les mains des hommes modérés. Je ferai tout ce que je pourrai
pour qu'elle continue à y être. Mais
quand ce gouvernement passera dans
les mains des hommes ardents, fussent
les radicaux, je n'abandonnerai pas ma

cause pour cela, *je serai toujours du parti de la Révolution.* »

Ces paroles obtinrent un double avantage : elles répandirent le culte des idées révolutionnaires et accrurent la popularité de l'homme qui les avait prononcées.

1848 éclata. M. Thiers ne perdit pas de son prestige : il se trouvait face à face avec les révolutionnaires triomphants. Il se soutint, mais il essaya de faire garder entre les mains des révolutionnaires modérés le pouvoir du gouvernement. Bientôt, dans un livre intitulé *la Propriété*, M. Thiers faisait les déclarations suivantes, souvenir de celle que nous avons rappelée tout à l'heure :

« Ah ! disait M. Thiers aux révolutionnaires qui avaient poussé jusqu'au bout les idées de la Révolution et qui voulaient en tirer tout le profit qu'elles promettent à la foule, ah ! vous êtes jaloux de la gloire d'accomplir une *révolution sociale* ; eh bien, il fallait naître soixante ans plus tôt et entrer dans la carrière en 1789. *Sans tromper, sans pervertir le peuple, vous auriez eu alors de quoi exciter son enthou-*

siasme et, après l'avoir excité, de quoi le soutenir. » Et après cet éloge d'une époque où tout fut renversé : les autels, les hommes et les plus grandes et les plus vénérables institutions, M. Thiers s'écriait avec l'accent de l'enthousiasme, en parlant de l'état social révolutionnaire dans lequel nous vivons depuis 1789 : « Des abus, oh ! certainement qu'il n'en manque pas, il n'en manquera dans aucun temps. Mais que des abus sur un autel de la patrie élevé en plein vent est trop peu, il faut y apporter d'autres offrandes. *Cherchez donc, cherchez dans cette société défaite, refaite tant de fois depuis 89, et je vous défie de trouver autre chose à sacrifier que la propriété. »*

L'honneur rendu à la Révolution dans ces formules vagues ne cessa pas dans l'esprit de M. Thiers avec les années d'oppression du second empire, de cet empire dont le premier mot de la Constitution était un hommage aux principes révolutionnaires. A peine reprit-il la parole à la tribune du Corps législatif, qu'il consacra son éloquence à célébrer les mérites généraux, les œuvres et les résultats de la Révolution.

Mais passons maintenant les années sur lesquelles il nous faudra bientôt revenir. M. Thiers, Président de la République, a gardé et a rendu publiquement à la Révolution le culte que le rédacteur du *National*, le ministre du roi Louis-Philippe, l'auteur de la *Propriété* et le député de l'empire lui avait solennellement rendu. Dans la séance du 9 juin 1872 : « On *peut reprocher* — ô mon Dieu, je ne dis pas assez — on *doit reprocher* à la Révolution française ses crimes, *les abominables crimes des factions;* mais enfin en effaçant autant que possible de sa mémoire, permettez-moi de le dire, le sang dont la Révolution s'est couverte, voudriez-vous annuler les grands avantages sociaux de la Révolution? »

Ainsi apparaît l'idée vague, la formule générale qui a inspiré aux hommes de notre génération le culte abstrait de l'époque des révolutionnaires, de cette époque fatale d'où datent les lois, les mœurs et les usages qui guident la société troublée et convulsionnée où nous vivons.

Cependant M. Thiers s'en est-il tenu

à jeter de l'encens à la Révolution ! Il n'a point été toute sa vie le défenseur éclatant d'une cause particulière ; n'aurait-il pas cependant, toutes les fois que l'occasion s'est offerte à lui, essayé de faire triompher quelques-unes des idées révolutionnaires ?

Quelles idées révolutionnaires a-t-il fait triompher en politique ?

Quelles idées a-t-il fait triompher en économie sociale ?

CHAPITRE III

L'idée de la doctrine révolutionnaire, qui a pénétré jusque dans l'âme du dernier de nos paysans et qui a jeté dans une terrible ivresse la France entière, est l'idée de la *souveraineté du peuple*. C'est avec cette idée que des esprits mécontents rêvent toujours des changements nouveaux; c'est avec elle qu'ils méditent des révolutions nou-

velles; c'est par elle qu'ils ébranlent
sans cesse le sentiment du respect national et inspirent le mépris pour toute
autorité vivante. Si l'on descend de la
société à la famille, l'idée de la souveraineté du peuple a exercé ses ravages
jusque dans l'obscurité du foyer domes-
tique. Le dégoût de l'obéissance filiale,
le désir d'une folle émancipation s'ali-
mentent l'un et l'autre aux dernières
racines du fatal principe de la souveraineté du peuple. Ce principe, il est
parmi nous, dans toutes nos classes,
dans chacune de nos institutions, dans
chacun de nos esprits, une réalité,

réalité dominante, agissante, qui entraîne les mœurs et prépare les lois !

Or qui ne le sait ? Le principe de la souveraineté du peuple qui fait de chaque fils un souverain égal au moins à chaque père, c'est le premier principe d'où est sortie la Révolution, le premier qu'elle ait appliqué : c'est le premier principe des révolutionnaires.

Dans la pratique, en effet, ce fut par l'application de ce principe que les ministres aveuglés du roi Louis XVI soutinrent la révolte, à la suite de laquelle les États-Unis d'Amérique se détachèrent de la Grande-Bretagne. On répétait alors que les peuples avaient le droit de secouer par la violence le joug qui leur paraissait dur, et sous l'influence de cette idée on prêtait à l'Amérique des hommes et de l'argent. Mais tandis que les États-Unis révoltés ne recueillaient que bénéfice de nos sacrifices et de notre dévouement, le principe de la souveraineté du peuple pénétrait lentement dans l'esprit public. Quand ce principe, ainsi transmis, eut assez fermenté dans l'opinion publique, grâce à l'insurrection américaine, il fit explosion : c'était la Révolution qui détruisait notre pays et s'élevait au-dessus de ses ruines !

Il en fut de même en théorie. C'est le principe de la souveraineté du peuple que les philosophes opposèrent au principe non moins fatal de l'autorité absolue des rois, c'est sur ce principe que J.-J. Rousseau appuya l'édifice entier du *Contrat social*, c'est appuyés sur les doctrines qu'il renferme que les révolutionnaires, en 1792, essayèrent de réaliser les mauvais rêves de Jean-Jacques.

En vérité, comment ce principe n'aurait-il pas jeté notre pays dans le désordre et l'anarchie ? Comment n'aurait-il pas engendré et ne perpétuerait-il pas l'ère révolutionnaire ? Dans le même temps qu'il fait de tout homme un prétendu souverain, il inspire fatalement la pensée de laquelle il découle lui-même : la pensée que l'homme est un être parfait. Nous ne pouvons être souverains qu'à la condition d'avoir en nous la perfection. Est-il une erreur plus dangereuse et plus fausse ! L'histoire de chacun de nous, l'histoire de chaque peuple montre que jamais peuple ou individu n'a été moins parfait que lorsque l'un ou l'autre s'est cru tel.

L'idée de la perfection en effet exalte l'imagination et trouble l'esprit déjà naturellement faible , qui , pour se guider avec droiture, a besoin de con- seils, de précautions, de prévoyance, et qui, pour bien agir, a toujours besoin de se mettre un instant en dehors du mou- vement des choses et de l'agitation des hommes. Mais, si le principe de la souve- raineté du peuple lui apporte l'idée que tout ce qu'il fait est bien fait, qui pourra le retenir dans cette inaction nécessaire

à la réflexion, où il retrempe sa vigueur ?
Qui le préviendra contre les faiblesses
naturelles de son cœur ?

Nous ne faisons ici qu'entrevoir les
dangers de la souveraineté du peuple.
Les malheurs, les désordres, les dé-
sastres des quatre-vingts ans qui nous
séparent de 1789, en font seuls mesu-
rer l'étendue et sonder la profondeur.
Or, quelle est la part de M. Thiers
dans le triomphe persistant de cette idée
fatale ?

L'œuvre de M. Thiers au profit du

principe de la souveraineté du peuple
a été continue, constante, puissante.
Quand il ne l'a point expressément sou-
tenue, quand même il a paru s'éloi-
gner d'elle, il n'a pas moins cessé d'agir
en sa faveur. Le jour où, à propos de
la loi du 31 mai 1851, l'ancien ministre
du roi Louis-Philippe lança contre les
électeurs les plus nombreux qui forment
le suffrage universel le mot injurieux
de « vile multitude », ce jour-là il
défendait le principe de la souveraineté
du peuple aussi fermement qu'il l'avait
fait dans son *Histoire de la Révolution*
et dans son *Histoire du consulat et de*

l'empire. Ses déclarations et ses actes
ne différaient que par un point de ses
précédentes affirmations : à l'apologie de
la souveraineté du peuple attribuée à
tout le peuple, il substituait arbitraire-
ment l'éloge de cette souveraineté res-
treinte à une faible portion d'électeurs.

Mais il nous faut suivre M. Thiers
dès le début de sa vie politique.

Sous le règne de Charles X, ce n'é-
tait point encore la mode de déclamer
en faveur des plébiscites. On les accep-
tait sans trop les nommer, on résumait

la confiance qu'on avait en eux dans les regrets que l'on exprimait pour la mémoire de Napoléon Ier. Napoléon Ier, c'était la démocratie, c'était la révolution devenue maîtresse du trône des vieux rois de France ; c'était l'être qui passait pour la personnification de la croyance dont nous avons parlé plus haut, par laquelle on ne devait plus entourer de respect les institutions que la Révolution avait détruites, et par laquelle, hélas ! on ne voulait pas accepter la liberté de la main d'un roi.

M. Thiers, parmi ses contemporains,

rendit à l'empire, à l'empereur, à la personnification de la Révolution et de la souveraineté du peuple, le culte le plus chaleureux et le plus passionné. Fait remarquable! ses grandes œuvres historiques sont autant l'éloge de l'empereur que du système de violence, de tyrannie suivi au début de la Révolution par le peuple, et après le peuple par Napoléon. Dans un passage cité plus haut, M. Thiers, en 1871, ne repoussait de la Révolution que les crimes et les désordres. Telle était la thèse qu'il soutint lorsqu'il éleva à Napoléon Ier le monument qui lui mérita

d'être appelé par Napoléon III un
« *historien national* ». Les principes
de la Révolution, il les défendit toujours, et l'idée de la souveraineté du
peuple qui est le fondement de ces
principes fut ainsi, dès le début de sa
carrière, la base de sa conduite et de
ses théories !

L'occasion se montra bientôt, où il fit
paraître dans ses actes, d'une manière
plus éclatante, sa prédilection pour
le principe de la souveraineté du peuple.
Au moment où il élevait dans l'éloge de
Napoléon Ier un monument à l'honneur

même du principe révolutionnaire, il s'efforça de créer des circonstances qui missent en relief son amour pour la Révolution, ses principes et ses héros.

Voulut-il renverser la monarchie légitime du roi Charles X au profit de Louis-Philippe? Il porta bien haut le fatal principe de la souveraineté du peuple : « Si le roi demeure dans la Charte, il y étouffera ; *s'il en sort, nous le tuerons.* »

Lorsque la monarchie eut été détruite et que M. Thiers fut arrivé dans les

conseils du roi, il demeura fidèle à son
culte et montra comme avec ostentation
ses idées. D'abord il obtint qu'une colonne, la colonne de Juillet, serait éle-
vée non-seulement à la gloire du peuple
souverain, mais à la glorification d'une
révolte faite par le peuple. Puis, toujours attaché aux croyances qui lui
avaient dicté l'histoire du premier empire, il fit quelques années après
dresser une autre colonne, la colonne
Vendôme, à celui qui avait été par-
dessus tout la personnification de la
souveraineté populaire : à Napoléon Ier.
Après la glorification du peuple, la glo-

rification de l'homme qui représentait
la démocratie couronnée.

Faut-il maintenant répéter la déclaration par laquelle il rappela, sur la fin
du règne de Louis-Philippe, qu'il appar-
tenait, malgré tout, à la Révolution.
Les œuvres et les actes que nous venons
de parcourir feraient de ces mots une
répétition inutile. Arrivons de suite à la
déclaration la plus formelle, la plus
expresse que l'ancien président de la
République ait jamais faite en l'honneur de la souveraineté populaire.

L'empire, on le sait, naquit, vécut

et, on peut le dire, mourut des œuvres et des idées de la Révolution. C'était M. Thiers et ses contemporains qui avaient préparé sa naissance, par leurs travaux et leur attitude : ils avaient entretenu la pensée révolutionnaire qui agitait les esprits durant les années de la Restauration. Un roi légitime ne pouvait, suivant eux, réaliser les progrès légitimes que la Révolution avait été impuissante à donner ; il fallait aux révolutionnaires un roi révolutionnaire comme eux. Napoléon III fut ce roi.

Circonstance remarquable ! Napoléon III, en arrivant au pouvoir, inscrivit dans les lois, dans les décrets, dans ses discours toutes les pensées que M. Thiers avait défendues durant sa vie. En tête de la Constitution, le nouvel empereur plaça un hommage aux principes de 89, et dans ses déclarations officielles il déclara qu'il serait toujours du parti de la Révolution.

Comment M. Thiers, qui trouvait enfin au pouvoir un homme animé des mêmes pensées que lui, ne le suivit-il pas et ne soutint-il pas sa cause ? Ce n'est point, nous le verrons tout à l'heure, qu'il eût

changé tout à coup d'opinion, et que
sous la pression des catastrophes ame-
nées par le triomphe des idées révolutionnaires, et particulièrement de l'idée
de la souveraineté du peuple, son
esprit eût été éclairé d'une lumière
soudaine. Non. M. Thiers ne soutint pas
Napoléon, parce que Napoléon ne soutint pas M. Thiers, parce que le premier
jour où l'empire sortit du coup d'État
M. Thiers fut envoyé en prison, parce
que le principe de la souveraineté du
peuple était d'abord appliqué par Napoléon III contre les hommes qui en
avaient préparé et assuré le triomphe.

M. Thiers passa dans le silence les quinze premières années de l'empire. En 1864 seulement il quitta la solitude : il reparut à la tribune française. Allait-il abjurer le culte de ses dieux, allait-il maudire la Révolution, et dans la Révolution le principe de la souveraineté du peuple, qui, après avoir enfanté les dates néfastes de 89, 1830, 1848, 1851 et 1852, avait été tourné par un empereur habile au profit de rêves ambitieux ? Lui, qui avait espéré tirer du parti de la Révolution tous les avantages qu'un rival plus audacieux en avait obtenus, allait-il

exhaler les déceptions de son âme ?
Non.

Quand M. Thiers revint au Corps
législatif, il avait tout oublié ; il avait
surtout oublié le malheur que le principe de la souveraineté du peuple avait
attiré sur son pays. Voici quelles furent
ses premières paroles prononcées le
11 janvier 1864, en reprenant posses-
sion de la tribune française :

« Je suis né, j'ai vécu dans cette
école dite de 89, qui croit que la France
a le droit de disposer de ses destinées

et de choisir le gouvernement qui lui convient. Je pense *qu'elle ne doit user de sa souveraineté que très-rarement, et que mieux vaudrait qu'elle n'en usât jamais s'il était possible ; mais quand elle a prononcé, à mes yeux le* DROIT Y EST ! »

Telle est dans une des expressions les plus ouvertes l'éclatante apologie du principe de la souveraineté populaire qui conduit depuis 89 les peuples aux abîmes. Il vaudrait *mieux,* suivant M. Thiers, que le nombre, que la majorité n'exerçassent *jamais* leur souveraineté ; cependant quand le

nombre a prononcé, ce qu'il a décidé
est le *droit*, c'est-à-dire la *justice*,
et la chosé la plus vénérable et la
plus sacrée. Qu'un peuple affolé par
les malheurs publics oublie et mé-
connaisse ses intérêts les plus évidents,
que la passion ou l'illusion remplisse
son âme de terreur ou de vaines espé-
rances, et que, dominé par ses sentiments passionnés, il décrète le soulè-
vement et place au-dessus des ruines du
pays le premier audacieux qui se pré-
sente à ses suffrages après l'avoir flatté
et excité, ce bouleversement et ces ruines
sont, d'après M. Thiers, la marque du

droit. Aux yeux des partisans de la souveraineté du peuple, le *droit* c'est ce qui existe, ce n'est point ce qui devrait exister. La *justice* n'est plus que le mot prestigieux dont on décore ce qui se fait! Ce fut là le principe que M. Thiers reconnaissait en 1866 : c'était le même principe qui l'avait emporté sur le gouvernement de Charles X, qui lui avait fait élever une colonne aux combattants de Juillet et à Napoléon Ier.

Depuis cette date de 1866, M. Thiers a continué d'exercer son influence au profit de la souveraineté du peu-

ple. Les discours qu'il a prononcés
au pouvoir en qualité de Président
de la République ont été consacrés
la plupart à célébrer la *souveraineté*
dont le pays avait investi ses représen-
tants à l'Assemblée nationale. Mais
dans ce temps, comme en 1848, l'historien de Napoléon Ier, loin de s'occu-
per à reconnaître sans réserve « le droit »
que créera à ses yeux la simple majorité des voix, voua les ressources de
son esprit à amoindrir l'exercice de
cette souveraineté et à en régulariser la
pratique! Il jugeait que personne ne
niait plus — peu, hélas! le nient en-

core — la puissance de cette souveraineté, et il s'appliquait à rendre moins
terrible le prétendu souverain, que plus
qu'un autre il avait porté sur le trône.

CHAPITRE IV

L'influence de M. Thiers, exercée au profit de la Révolution dans l'ordre politique, ne s'arrête pas à la diffusion qu'il a faite du premier et du plus fatal des principes révolutionnaires. L'idée de la souveraineté du peuple a accoutumé les esprits à placer leur idéal dans un autre principe non moins dangereux : le principe de l'égalité sociale.

J.-J. Rousseau et les conventionnels
ses disciples renversaient brutalement
les rois, et sur les ruines de la royauté
ils élevaient, au nom du principe de la
perfection originelle de l'homme et de
la souveraineté populaire, le règne du
peuple, de la majorité, du nombre. Le
désordre social qui suivit cet immense
bouleversement fut sans limite. Mais
l'étendue même des maux produits par
ces idées révolutionnaires fit bientôt revenir l'esprit public à ce respect de
l'autorité qui, sous la monarchie, avait
été la sauvegarde et l'honneur de la
France. La nation sentit à ce point la

nécessité du respect pour un pouvoir
qui ne serait plus le pouvoir du nombre
et de la majorité, qu'au début de ce
siècle, vingt ans durant, elle sembla
n'avoir pas de plaintes à faire entendre
contre le despotisme de Napoléon Ier.
La monarchie légitime revint en 1815.
On éprouvait encore le besoin de se
soumettre à l'autorité légitime souveraine, indiscutable, incontestable du
pouvoir d'un seul homme. Ce besoin
du respect s'était pourtant dejà af-
faibli : l'empereur avait exploité le
désir de l'obéissance du peuple, au
profit de ses ambitions sanglantes.

Mais qu'arriva-t-il à ce moment?

On vit apparaître une catégorie de journalistes, sceptiques en matière de gouvernement, révolutionnaires par tempérament, assez éclairés pour comprendre l'utilité de la monarchie, trop ambitieux pour asseoir la monarchie sur une base inébranlable, jaloux de l'autorité royale et avides d'exercer, à l'abri des institutions de la royauté, le pouvoir absolu qu'avaient tenu dans leurs mains leurs pères en 1789 et 1792. A la tête de ces publicistes, M. Thiers, le premier jour, se plaça au premier rang.

Le but à atteindre était connu : les voies qui y mèneraient restaient cachées. M. Thiers les eut bientôt découvertes. Du pouvoir incontesté du roi, il fallait faire un pouvoir isolé : son pouvoir inattaquable, il fallait le transformer en pouvoir matériellement irresponsable ; le pouvoir matériellement irresponsable, il fallait le changer en pouvoir sans force, sans autorité, sans souveraineté, et lui ôter le prestige du gouvernement pour ne lui laisser que l'éclat des réceptions officielles et le bruit des parades militaires !

Quand ces transformations auraient

été faites, en effet, que resterait-il de la royauté? Rien, sinon une personne qu'on appellerait *roi*, au lieu de lui donner le nom de *citoyen*; l'œuvre de la Révolution serait refaite; les idées révolutionnaires qui réprouvent un pouvoir suprême doté d'une puissance effective, qui repoussent toute hiérarchie sociale, qui placent sous un même niveau l'autorité de tous, ces idées fatales seraient rétablies : « Nous ne voulons pas de révolution, disait M. Thiers pour expliquer ses projets, mais nous obtiendrons ce que possède l'Angleterre, des « *dynasties de ministres dés-*

agréables au roi » _:_ et peu de temps après il complétait sa pensée : « _Nous passerons le détroit pour trouver un gouvernement qui nous convienne, et si nous ne réussissons pas, nous passerons l'Atlantique._ » Enfin, M. Thiers résumait les convoitises de son école dans la maxime fameuse : « _Le roi règne et ne gouverne pas._ »

Cette école, formée et affermie par le talent et par l'activité de M. Thiers, a produit de terribles ravages dans notre pays : le moins qu'on en puisse dire, c'est qu'elle a infiltré à l'aide du rai-

sonnement le goût de l'égalité et le dégoût de l'obéissance.

Son œuvre, en effet, a été de faire
accepter par la nation le principe de l'é-
galité sociale, dont les malheurs de 1791
l'avaient d'abord dégoûtée, et d'in-
spirer à tous le mépris de toute autorité
qui n'est point celle du peuple. En faisant de la royauté un fantôme dépouillé
de pouvoir, l'école de M. Thiers a laissé
croire que les rois n'exercent dans une
organisation sociale qu'un pouvoir inutile, oisif, créé seulement pour les faire
vivre gratuitement du budget national.

De plus — mal plus grand encore, — l'école de M. Thiers a fait prendre en dégoût au peuple la nécessité, qu'il a souvent sentie, où il est d'obéir, et comme ce besoin, le peuple n'a jamais pu s'en défaire, les efforts des amis de M. Thiers l'ont changé de direction. Au lieu de désirer que la foule obéisse à un pouvoir monarchique élevé par sa hauteur même et sa dignité au-dessus de misérables calculs d'ambition, ils ont fait que les masses n'acceptent pour les conduire que ceux-là même qu'en Amérique on flétrit du nom de *politiciens*, et qu'en

France on nomme les orateurs de clubs.

Ce goût nouveau, ce dédain d'une autorité monarchique, cet empressement autour des hommes les plus bruyants, c'est le dernier triomphe du principe révolutionnaire, principe par lequel un homme vertueux ne possède pas d'autres droits que l'homme vicieux ; c'est la suprême victoire du principe de l'*égalité sociale* ; c'est enfin le plein avénement dans l'opinion publique de l'idée sur laquelle la Révolution s'appuya pour tout renverser et tout détruire !

CHAPITRE V

L'histoire des peuples offre peu d'exemples d'une Révolution aussi logique et aussi rigoureuse dans ses actes que la Révolution française. Dans l'espace de trois ans, elle avait tiré du principe de la perfection originale la souveraineté du peuple, du principe de la souveraineté du peuple l'égalité sociale, du principe de l'égalité sociale

l'abolition des droits du père et la sup-
pression de la propriété, et de ces fatales
idées la Révolution avait fait sortir
encore le mépris pour les choses religieuses.

M. Thiers, nous l'avons vu, a servi
directement, puissamment toute sa vie le
triomphe du principe de la souveraineté populaire ; *indirectement* il a forti-
fié le principe de l'égalité sociale. Qu'a-
t-il fait en faveur de l'abolition des
droits du père de famille et contre le
respect dû à la propriété légitime ?

Le respect de la famille est le premier devoir d'un gouvernement. C'est la famille qui est l'unité sociale d'une nation, unité naturelle imposée par la raison autant que par l'instinct, unité qu'on ne saurait affaiblir sans faire violence aux sentiments les plus profonds de l'âme ; unité inévitable à laquelle l'homme ne peut se soustraire. Nous pouvons à notre gré changer de nation : nous ne pouvons pas ne pas subir l'influence de notre père et de notre mère, leurs conseils, leur direction. Mais, chose plus grave, la famille est encore le lieu où tous

nous puisons en quelque manière les
bonnes ou les mauvaises passions de
notre cœur. Si nos parents élèvent
notre esprit vers de nobles choses, toute
notre vie nous aspirerons vers elles ;
s'ils nous inclinent vers les satisfactions
matérielles, ce penchant alourdira
notre âme pendant toute notre vie ;
s'ils nous abandonnent à nous-mêmes,
s'ils nous laissent à nos inspirations et à
nos appétits, hélas! qui ne le sait? nous
qui naissons dans l'imperfection originelle, qui semblons dans nos premières
années n'être faits que de vice, d'orgueil, de paresse, de gourmandise, de

vanité, nous laissons croître au hasard ces vices fatals. Dépourvus des conseils de l'autorité paternelle, nous allons où ces vices nous poussent. Si nous sommes pauvres nous grossissons la foule des mécontents, des irrités, des *socialistes*. Si nous sommes riches nous abêtissons notre intelligence, nous gaspillons notre jeunesse, notre force, notre fortune dans la débauche, nous oublions les intérêts du pauvre, le scandale de notre vie aigrit sa colère ; et un jour, dans la société, le pauvre qui n'a pas été guidé par son père et le riche qui n'a point reçu de conseils et de correction se trouvent face à face : le premier retranché derrière la barricade commande que le second lui donne une part de ses richesses, le second s'il n'est pas en proie à la lâcheté, espère hautement que les ravages de quelques canons détruiront cette masse de pauvres, qui ne veut pas le laisser jouir !

Or il semble que nous ne l'ayons jamais remarqué, la Révolution française nous a transmis des lois qui lient le bras du père de famille, qui arrêtent les élans de son cœur, qui lui ôtent, en un mot, le pouvoir le plus puissant dont il dispose pour corriger les tendances mauvaises de son fils. L'œuvre propre, directe, des révolutionnaires contre la famille, c'est de ne point permettre aux parents d'exercer sur l'avenir de leur enfant toute l'autorité que Dieu et que la raison leur donnent, et cette œuvre ils l'ont accomplie en retirant au père le *droit de disposer librement de ses biens en mourant!*

Que la loi qui oblige tous les pères à distribuer à leur mort une égale part de biens à chacun de leurs fils, au fils respectueux et au fils insolent, au fils

6

obéissant et au fils rebelle, arrête l'exercice de la puissance paternelle, la dis-
cussion même qui précéda l'adoption
de la loi du partage forcé nous le fait
assez connaître. Le *Moniteur* du 28
décembre 1793 analyse, dans les termes qui suivent, les discours de ceux
qui soutenaient la nécessité du partage
forcé.

« N... demande que les testaments
faits en haine de la Révolution soient
abolis. — *Mailhe* dit qu'il faut remonter à la source du mal. Il constate que
beaucoup de pères ont testé contre des

enfants qui se sont montrés partisans de la Révolution. — *Prieur* : Je demande que la loi se reporte à juillet 1789 ; sans cela vous sacrifiez les *cadets voués à la Révolution* ; vous sanctionnez la haine des pères pour les *enfants patriotes*. — N..., Je demande au moins qu'on abolisse à dater de ce jour. » Et comme la loi qui impose le partage forcé avait amené de graves réclamations, un orateur, Phélipeaux, s'écriait : « Je m'oppose à tout nouvel examen du principe. L'égalité du partage est un principe sacré, consacré par la déclaration des droits. — Votre loi, juste et bien-

faisante, a excité des réclamations, dit
Thuriot ; *oui*, mais de la part des enne-
mis de la Révolution. »

Mais pourquoi remonter aux craintes
et aux affirmations révolutionnaires ?
Nous avons nous-mêmes souvent sous
les yeux le spectacle des désordres que
le partage forcé a introduits dans notre
pays.

Depuis que le père ne peut plus empêcher son fils de se vouer à ces idées
fatales, sociales ou politiques, qui souvent font naître ou fortifient la per-

version du cœur, les idées révolutionnaires débordent : tout enfant se
croit souverain, tout jeune homme se
croit par le mérite l'égal des vieillards,
et — fait chaque jour répété — les fils
croient encore avoir rempli tous leurs
devoirs d'affection et de respect envers
leurs parents quand ils font une pen-
sion à la vieillesse ou à la maladie
de leur père. Les fortunes s'élèvent
rapidement, dit-on, dans notre siècle.
Ah! on serait plus étonné encore, si
l'on comptait toutes celles qui tombent
avec une égale rapidité, par le vice que
les enfants ont contracté dans l'impuis-

sance où est le père de leur dire, avec les ressources de la menace : « Si vous n'imitez pas ma vie de travail, si vous ne vous rendez sobre et laborieux comme je l'ai été ; si vous vous dites : « A quoi sert de travailler ? mon père a de la fortune et j'hériterai de ses biens, si » vous êtes paresseux et débauché ; » je réduirai la part de votre héritage à une part telle que vous soyez contraint de travailler ! » (1)

---

(1) Dans une enquête récente les chambres de commerce de Paris, de Bordeaux et de Marseille, ont reconnu que l'impuissance où est le père d'adresser cette menace à son fils était une des causes qui s'opposaient à l'extension du commerce.

Eh bien, quelle a été la part de M. Thiers dans le maintien des lois du partage forcé, ainsi nées de la volonté de répandre les idées révolutionnaires et propres, hélas ! à atteindre le but fatal qui leur a été fixé.

M. Thiers écrivait, en 1849, un livre intitulé *la Propriété*. L'ancien ministre de Louis-Philippe s'était donné la mission de défendre les droits de la propriété contre les efforts des socialistes et des communistes.

Certes, l'inspiration d'un tel ouvrage était bonne ; l'argumentation qu'il contenait était par endroits claire, forte, solide, inébranlable. M. Thiers montrait dans une parfaite lumière que la propriété ne saurait exister si le propriétaire ne la possède personnellement et surtout s'il n'a le pouvoir de la transmettre héréditairement. Contre des socialistes qui prétendaient que le père n'a pas assez de justice pour distribuer à sa mort les biens qu'il a acquis, l'illustre homme d'État s'écriait :

« L'homme a des vices, il en a de tout genre. Il en montre d'atroces quelquefois à l'égard de ses semblables ; mais il n'en a presque jamais à l'égard de ses enfants : c'est que, voulant assurer la conservation de l'espèce humaine, la nature prévoyante a profondément enfoncé dans son cœur l'amour paternel, et a fait de ce sentiment non une vertu, mais un instinct irrésistible. Le père qui vole, qui tue, donne souvent à ses enfants le bien qu'il a dérobé, et consacre à le défendre la férocité qu'il a déployée contre autrui. »

Étendant plus loin encore la défense du droit de propriété contre les attaques des socialistes, M. Thiers disait : « La propriété n'est pas, si je ne puis la donner aussi bien que la consommer :

on m'accorde ce point. Si je puis la donner aux indifférents, à plus forte raison pourrai-je la donner à mes enfants, qui même en ont un indispensable besoin pendant une partie de leur vie : on m'accorde cet autre point. Je puis, par conséquent, donner à autrui, et dans autrui je puis, je dois préférer mes enfants. Où donc commence la difficulté ? Au moment où je vais mourir, c'est-à-dire que je pourrais donner à toutes les époques de ma vie, excepté à celle de ma mort. Quoi ! ce serait là l'unique différence entre le droit que je réclame et celui qu'on me conteste !

Mais cette différence serait ou nulle, ou barbare, ou impossible. »

N'est-ce pas là en vérité la juste expression des droits de la propriété et de la justice? Cette liberté due au père de famille, n'est-ce pas le premier de ses droits de propriétaire, n'est-ce pas celui de ses droits dont il usera avec le plus d'amour et de sagesse? Il semble qu'après une exposition si claire et si puissante, appuyée sur le cœur de l'homme et sur la propriété qui est le fondement de la société, M. Thiers va condamner les lois révolutionnaires,

qui portent atteinte à la liberté de transmettre les biens et aux droits essentiels de
la propriété, qui ne peuvent exister sans
cette liberté! La logique impose à
M. Thiers cette condamnation. La
porte-t-il? Non.

Loin de porter une condamnation
contre les lois révolutionnaires, qui
privent le père de famille des droits qu'il
a de transmettre en liberté à ses fils ses
biens héréditaires, loin de réprouver
la loi du partage forcé qui prive le propriétaire du plus essentiel de ses droits,
M. Thiers n'a que des éloges à adresser

à la législation révolutionnaire qui régit la propriété, et il dit bien haut ce que nous avons entendu tout à l'heure :

« *Cherchez donc, cherchez dans cette société défaite, refaite tant de fois depuis quatre-vingt-neuf, et je vous défie de trouver autre chose à sacrifier que la propriété.* »

Voilà l'étrange, la contradictoire conclusion de l'ouvrage de M. Thiers ! Lui qui a dit que la propriété ne peut exister sans l'hérédité, modifie tout à coup ses vues devant la législation révolutionnaire, et il trouve, à part quelques abus, que la propriété, dont les droits sont violés par la loi du partage forcé, est assise au milieu de nous sur des bases indestructibles! M. Thiers pouvait-il fortifier d'une manière plus puissante la fatale conviction que les lois qui, sous le nom de lois de partage forcé, ôtent au père parce qu'il est père quelques-uns des droits essentiels à la propriété, et diminuent la puissance qui lui est nécessaire pour diriger ses enfants, sont appuyées sur la justice et sont conformes aux nécessités d'un ordre social bien organisé?

Si cette étude était un pamphlet,
nous redirions ici que M. Thiers n'a pas
seulement répandu des idées hostiles à
la propriété par l'exposé de la thèse
qui précède ; nous rappellerions encore
qu'appréciant dans son *Histoire de la
Révolution* la mesure révolutionnaire
qui dépouillait le clergé de ses biens,
il disait que *la nécessité commandait
ce dépouillement*, comme si la nécessité
pouvait imposer le vol. Nous rappellerions encore que dans ce même ouvrage, ayant à juger un discours où
Mirabeau disait des propriétaires :
« qu'ils n'étaient que les *premiers des*

salariés et qu'ils étaient les *agents* et les *économes du corps social,* » M. Thiers s'écriait que c'étaient là « des *traits décisifs de raison et d'ironie* », comme si la raison avait jamais pu autoriser l'ironie à transformer le caractère social *sacré* du propriétaire, en caractère de *salarié,* d'*agent* et d'*économe?* Mais, nous ne nous arrêterons pas sur ces phrases perdues au milieu de grands travaux. Elles marquent un esprit peu assuré des besoins d'un État; elles ne constituent pas un grand et éclatant enseignement. Cet enseignement au profit des lois révolutionnaires qui arrêtent l'essor de la propriété, qui suppriment l'un des droits essentiels du propriétaire et qui amoindrissent l'autorité paternelle, cet enseignement grand et éclatant, M. Thiers l'a donné dans son livre sur *la Propriété.*

CHAPITRE VI

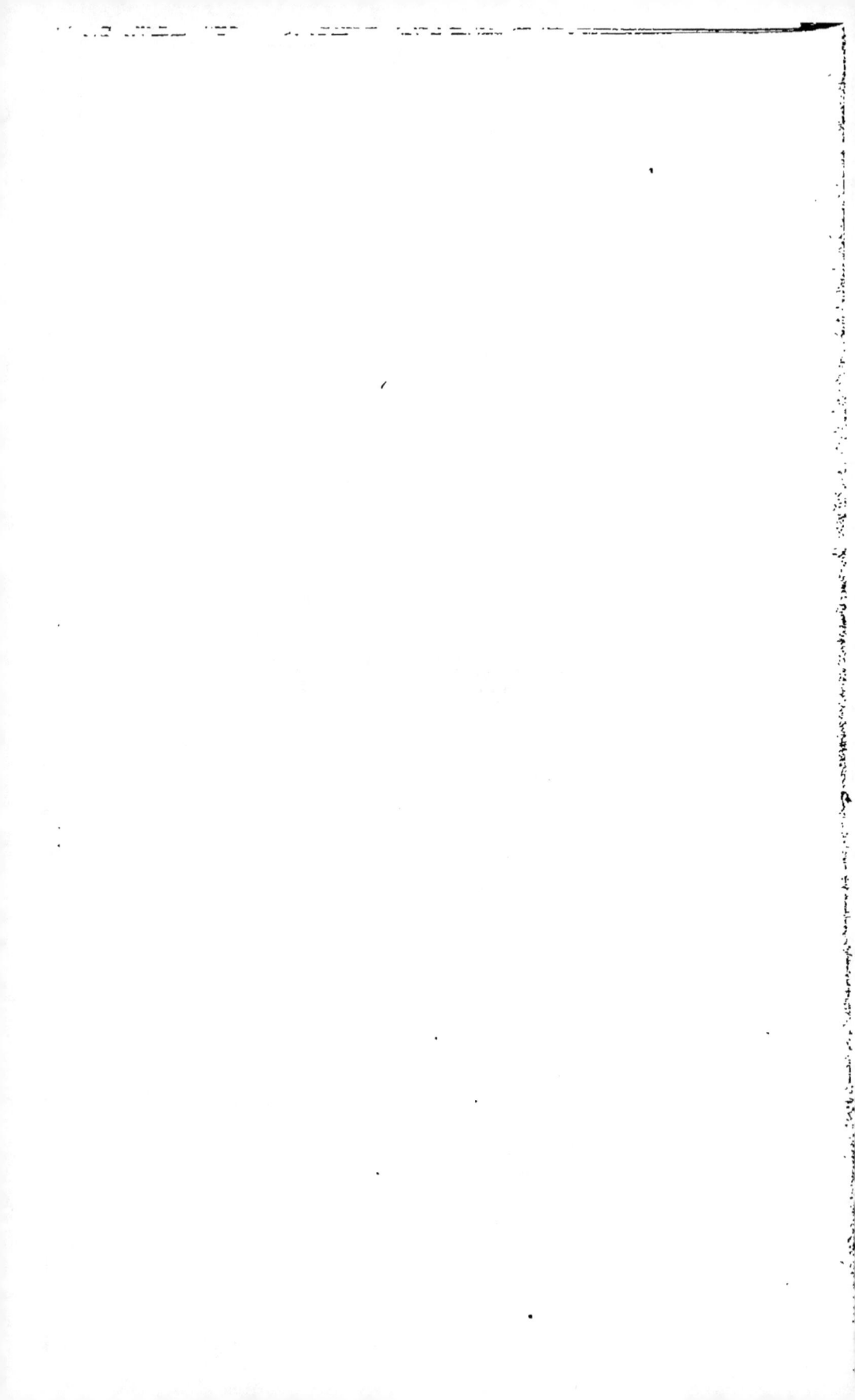

Nous avons examiné jusqu'ici l'attitude de M. Thiers dans des questions d'un ordre purement social, nous n'avons pas encore jeté un coup d'œil sur la question sociale la plus grave : la question religieuse.

On sait ce que fit la Révolution contre la religion et contre ses ministres : elle détruisit le culte, vola les biens du

clergé et traîna les prêtres sur l'échafaud.
Cependant elle n'arrêta pas ses ravages
à ces limites extérieures : les révolutionnaires pénétrèrent même dans le
corps des doctrines : ils essayèrent de
couvrir de ténèbres les dogmes évangé-
liques et prétendirent faire briller au-
dessus des ruines qu'ils accumulaient,
à la place du culte de la religion, le
culte religieux de la raison humaine.
La Révolution française réussit le
premier moment, dans ses œuvres
d'impiété. Notre-Dame de Paris vit sur
ses autels la dernière expression de la
raison humaine : une courtisane. Hélas !

tout ne fut pas là, et aujourd'hui encore, à la suite des idées et des actes des
révolutionnaires, la masse qui a quelque religion n'a plus que la triste religion de la raison humaine !

Comme le dogme de la souveraineté
du peuple, de l'égalité sociale, et la
restriction des droits de la propriété,
le dogme par lequel Dieu s'efface pour
faire place à la raison compte parmi
ses premiers docteurs Turgot et J.-J.
Rousseau. Après eux, et conseillés par
eux, viennent les révolutionnaires qui
exilèrent ou assassinèrent les hommes

qui ne voulurent point courber la tête.
Puis nous voyons les continuateurs de
Turgot et des révolutionnaires dans les
hommes de la génération de 1830 et de
la génération nouvelle. Entre tous ceux-
là, M. Thiers occupe un rang à part,
par l'énergie, l'obstination et l'activité
de sa propagande et par les circonstances éclatantes où il a fait cette désastreuse propagande !

M. Thiers considère les religions
comme une institution nationale. Il ne
les considère qu'à ce point de vue.

Certes quand un esprit politique

jette un coup d'œil sur l'organisation sociale des peuples, il ne peut méconnaître que la religion est le premier ressort du cœur d'une nation. Mais si son regard est rapide et superficiel, il reste frappé d'une impression profonde. En Angleterre, c'est la religion protestante qui donne au peuple son amour pour la liberté ; en Russie, c'est la religion catholique orthodoxe qui entretient dans l'âme des sujets le saint et profond respect dont l'autorité du czar est entourée et fortifiée; en Chine, c'est une sorte de culte idolâtre qui conserve à la nation depuis près de trois mille

ans une paix dont la profondeur comme
la durée est sans exemple dans le
monde ; en France, enfin, la paix du
pays, son organisation intérieure, sa
force, son prestige en Europe reposent
sur la religion catholique, apostolique
et romaine. Quelle diversité ! L'esprit
superficiel sera prompt à dire que la
diversité des religions enfante l'unité
des résultats ? Il se trompe. Dans les
choses religieuses comme dans les choses physiques, le même effet provient
de la même cause !

Chacune des religions qui exerce sur

l'esprit d'un peuple une influence souveraine à laquelle on peut rapporter en quelque mesure la paix et la stabilité exerce cette influence en vertu de principes qui appartiennent avant tout à la religion catholique. La religion catholique repose essentiellement sur les trois commandements qui sont, pour ainsi parler, la source exclusive des bienfaits de la religion protestante, de la religion orthodoxe, de la religion chinoise. Ces trois commandements sont : l'amour de Dieu, l'amour de la famille, l'amour du prochain. C'est en vain que vous chercheriez en dehors de ces com-

mandements l'influence que le protestantisme en Angleterre, les doctrines orthodoxes en Russie, l'idolâtrie de
la Chine, exercent sur les mœurs publi-
ques ; c'est en vain aussi que vous
chercheriez en dehors de la tradition
catholique, en dehors des sources de
la foi catholique, l'origine des principes
qui ont ainsi donné aux religions dissi-
dentes leur empire et leur durée. Non,
si des religions d'un culte différent
produisent des résultats semblables, ce
n'est point par ce qu'elles ont de différent, mais par ce qu'elles possèdent de
semblable, et ce qu'elles possèdent de

semblable prend son origine dans la tradition et la foi catholique !

Ce n'est point ainsi que M. Thiers a compris l'œuvre publique de la religion. L'ex-président de la République, après avoir jeté un coup d'œil sur le monde, s'est arrêté aux spectacles de ses manifestations extérieures ; il n'a point sondé les causes de la prospérité publique et de l'influence religieuse. Sans hésitation, il s'est écrié que des diverses religions nulle n'est la vraie, que chacune a son *utilité* particulière et que s'il convient de soutenir le catholicisme en France, il convient aussi de défendre le protestantisme en Angleterre et l'idolâtrie en Chine ! Il a fait des religions une chose purement humaine, purement gouvernementale !

Nulle affirmation n'est plus fausse, nous venons de le voir : la soutenir comme l'expression de la vérité absolue, c'est soutenir que des causes différentes peuvent amener des résultats semblables, et que l'ombre serait autant que le soleil capable d'enfanter la lumière. Mais l'affirmation de M. Thiers, fausse évidemment au point de vue

de la raison, serait-elle exacte au point
de vue spécial qui a toujours préoccupé
cet homme d'État ? serait-elle exacte
au point de vue de l'utilité nationale ?

Non.

Lorsque les philosophes et les économistes du XVIIIe siècle commencèrent
l'œuvre de la Révolution, ils adoptèrent
le point de vue où se place M. Thiers.
Nous ne parlons pas du scepticisme de
Voltaire, qui, lui, à la prière de Frédé-
ric, roi de Prusse, combattit en France
le catholicisme « comme le plus redou-
table boulevard » qui s'opposait aux

projets de l'ancêtre du premier empereur d'Allemagne! Nous laissons à
côté cette école railleuse qui mérite le
nom de comédienne par la facilité avec
laquelle elle changea tant de fois d'attaques et d'adversaires, et par l'impu-
dence qui la porta à souiller tout ce
qu'il y a de grand, de noble, de supé-
rieur dans les croyances et les gran-
deurs humaines. Non, nous songeons
en ce moment à Turgot et à Rousseau. Turgot particulièrement regar-
dait la religion au seul point de vue
de son utilité sociale; Rousseau, moins
respectueux, attaquait la religion ca-

tholique et substituait aux traditions françaises le culte du Dieu de la nature. Or à quels résultats nationaux une telle philosophie amena-t-elle la France en 1791 ?

En 1791, sous l'influence de cette doctrine que la religion est seulement une institution nationale, les révolutionnaires, dominés par la pensée que Voltaire avait exprimée dans ce vers païen :

Si Dieu n'existait pas il faudrait l'inventer ;

les révolutionnaires voulurent donner et prétendirent donner à l'institution na-

tionale de la religion son dernier per-
fectionnement. A la place du pouvoir
divin du Pape, ils mirent le pouvoir
qui, mieux que le Pape, connaissait
les intérêts particuliers de la nation :
le pouvoir du gouvernement ! Alors le
gouvernement défendit toute relation
des prêtres de la religion catholique
avec leurs chefs hiéarchiques, il changea
les doctrines, les articles de foi qui ne
lui paraissaient pas assez nationaux, il
modifia le *Credo* catholique ; en un
mot, il plaça sur les autels de nos égli-
ses, à la place du Christ, une courtisane ; à la place du Dieu fait homme,

la raison personnifiée dans une femme
avilie. Voilà les dernières conséquences
où l'idée de l'institution nationale de la
religion amena les révolutionnaires !

M. Thiers ne s'est point laissé arrêter
par le spectacle que nous venons de
rappeler ; il n'a pas prononcé un seul
discours où il n'ait obéi à sa conviction.
Les paroles les plus ardentes et les plus
chaleureuses avec lesquelles il ait
ému le plus vivement les cœurs catholiques, notamment le discours qu'il
prononça le 23 juillet 1871, sur la papauté, sont celles-là mêmes qui reposent le plus fermement et le plus solide-

ment sur la croyance révolutionnaire d'une religion nationale.

« Pour moi, disait-il, toucher à une question religieuse est la plus *grande faute qu'un gouvernement puisse commettre*. Il était impossible de créer l'unité italienne sans renverser le gouvernement du saint-siége. Eh bien, pour moi, affliger quelque nombre que ce soit des consciences religieuses est une faute qu'un gouvernement n'a pas le droit de commettre.

«Quant à moi, désoler les catholiques, désoler les protestants est *une faute égale*; les protestants ne veulent pas qu'une seule communion chrétienne puisse dominer les autres : c'est leur croyance et c'est leur droit.

» Les catholiques croient qu'une seule communion dans le christianisme doit dominer les autres pour maintenir ce grand et noble phénomène religieux : l'unité de croyances ; ils le croient et ils ont raison ; c'est leur droit, et tout gouvernement qui veut entreprendre sur la conscience d'une partie quelconque de la nation *est un gouvernement impie aux yeux mêmes de la philosophie.* »

Eh bien, les mêmes résultats obtenus par Turgot et Rousseau, M. Thiers les prépare à notre pays ! Comment en serait-il autrement ?

L'idée d'une religion nationale produit nécessairement deux conséquences fatales. La première de ces conséquences est de détruire toute confiance dans la vérité de quelque religion que ce soit ; la seconde est de porter les gouvernements publics à transformer la religion qui forme les cœurs libres en institution qui tue l'indépendance humaine.

Que l'idée d'une religion nationale

renverse toute confiance dans la vérité d'une religion déterminée, la vie même de M. Thiers nous le montre. Nous rappelions tout à l'heure l'éloquent discours que l'ex-président de la République prononça au mois de juillet 1871 pour la défense de la papauté. A la lecture d'une page si émue personne ne doutait que M. Thiers ne demeurât toujours fidèle à ses convictions de défendre toujours les catholiques, dans l'intérêt patriotique qui le fit parler au mois de juillet. Hélas ! trois ans ne s'étaient pas écoulés depuis cette date qu'un jour, sur les bords du lac de

Genève, l'ex-président de la République
faisait recueillir de sa bouche, par un
journaliste français qui l'adressa à tous
les journaux républicains, une conversa-
tion où lui, M. Thiers, qui avait soutenu
l'utilité nationale de la religion catholique, se déclarait à demi panthéiste, se
réclamait comme l'admirateur d'un
philosophe matérialiste : Spinosa, et
d'un philosophe athée : Kant. L'idée
de l'utilité de la religion avait amené
dans son esprit le mépris pour toute
religion.

En serait-il différemment dans l'esprit

d'un peuple ? Dire sans cesse à un peuple que la religion qu'il professe est une institution nationale, et lui répéter en même temps que cette institution nationale n'est, comme toute institution nationale, conforme à la vérité que dans les limites de ses frontières, lui montrer au delà des Alpes et du Rhin la vérité, l'utilité dans ce qui serait chez nous danger et fausseté, n'est-ce pas faire participer les idées religieuses transmises par la divinité à la mobilité des idées et des actes humains ? Cette mobilité engendre bientôt la confusion dans les esprits, et un jour arrive où, à la place de la foi et d'un sentiment de respect en faveur de l'institution nationale, on ne trouve plus dans le cœur du peuple qu'oubli ou dédain, nous ajouterons : que mépris ! Comment le peuple ne poursuivra-t-il pas en effet de mépris les prêtres qui osent lui donner comme annoncée par Dieu, comme immuable, comme adorable, une institution qu'il tient, lui, pour variable au gré des nations, et faite par la main incertaine des hommes !

Mais ce n'est point là le seul résultat de l'idée révolutionnaire que la

religion est une institution nationale.
Ce fut cette idée qui prépara efficace-
ment les esprits aux violences de la Révolution ; c'est cette idée qui, dans une
large mesure, perpétue le trouble de la
Révolution ; c'est enfin cette idée qui, du
trouble où nous sommes, nous pousse
de nouveau, nous Français, aux désordres de 1791 !

Il suffit, hélas ! pour se convaincre de
la réalité de ces menaces, de jeter aujourd'hui un regard autour de nous.
Lisons les journaux qui s'inspirent des
idées de M. Thiers en matières reli-

gieuses; voyons les Chambres où siégent les hommes qui soutiennent l'œuvre de M. Thiers; écoutons aux portes des clubs les discours prononcés par les amis de M. Thiers. Que voyons-nous, que lisons-nous, qu'entendons-nous? Les menaces que les révolutionnaires exécutèrent en 1791!

La religion est donnée comme *institution nationale*, les prêtres sont considérés comme des *fonctionnaires publics*. Les doctrines catholiques ne sont que des *doctrines humaines*; et ils s'écrient : il faut modifier tout cela, il faut refaire la religion et son culte, il faut la transformer en *véritable institution nationale*, et ils ajoutent : que la religion catholique demeure, mais à la condition que cette religion catholique soit athée libre penseuse, prête à seconder toutes les vues, tous les projets, toutes les ambitions du pouvoir populaire !

Ce ne sont là encore que des discours, mais que de projets de loi ont été déposés sur la tribune de nos assemblés, pour faire de ces discours, de ces menaces, de ce programme une terrible vérité ! La re-

ligion est une institution nationale
aux yeux de M. Thiers, aux yeux des
révolutionnaires de tous les temps : elle
doit devenir aux yeux des foules dé-
vouées à M. Thiers et à la Révolution
un instrument de gouvernement !

CONCLUSION

En terminant sur M. Thiers cette
étude que le patriotisme seule a dictée,
nous ne pouvons arrêter l'expression
d'un regret. Quel talent prestigieux,
quelle habileté, quelle souplesse, quelle
netteté, quelle volonté dans M. Thiers !

Mais pourquoi tant de dons merveilleux ont-ils été le plus souvent employés à des œuvres de destruction ? Pourquoi l'esprit de l'ex-président de la République est-il l'esprit du renversement ? Dans le même moment où il pansait les blessures de la France, où il réparait nos finances, relevait nos armées, M. Thiers, comme pour obéir à une inflexible loi, détruisait l'union des hommes, anéantissait les dévouements, annihilait la confiance qu'il avait méritée. On peut dire aujourd'hui, en toute vérité, de cet homme d'État que lorsqu'il ne lui est resté plus rien à détruire, ni le respect de l'autorité, ni le respect de la religion, ni l'union dans un sentiment commun de patriotisme, il a éprouvé le besoin de porter la destruction jusque dans sa vieille réputation d'habileté. M. Thiers est aujourd'hui un homme disparu. Il n'aura plus qu'une ovation : celle qu'on fera à ses cendres le jour de sa mort ; il ne revivra plus, s'il y revit, dans la confiance des hommes de son pays, qu'après que la légende aura refait son histoire !

Paris. — Imp. de E. Martinet, rue Mignon, 2.

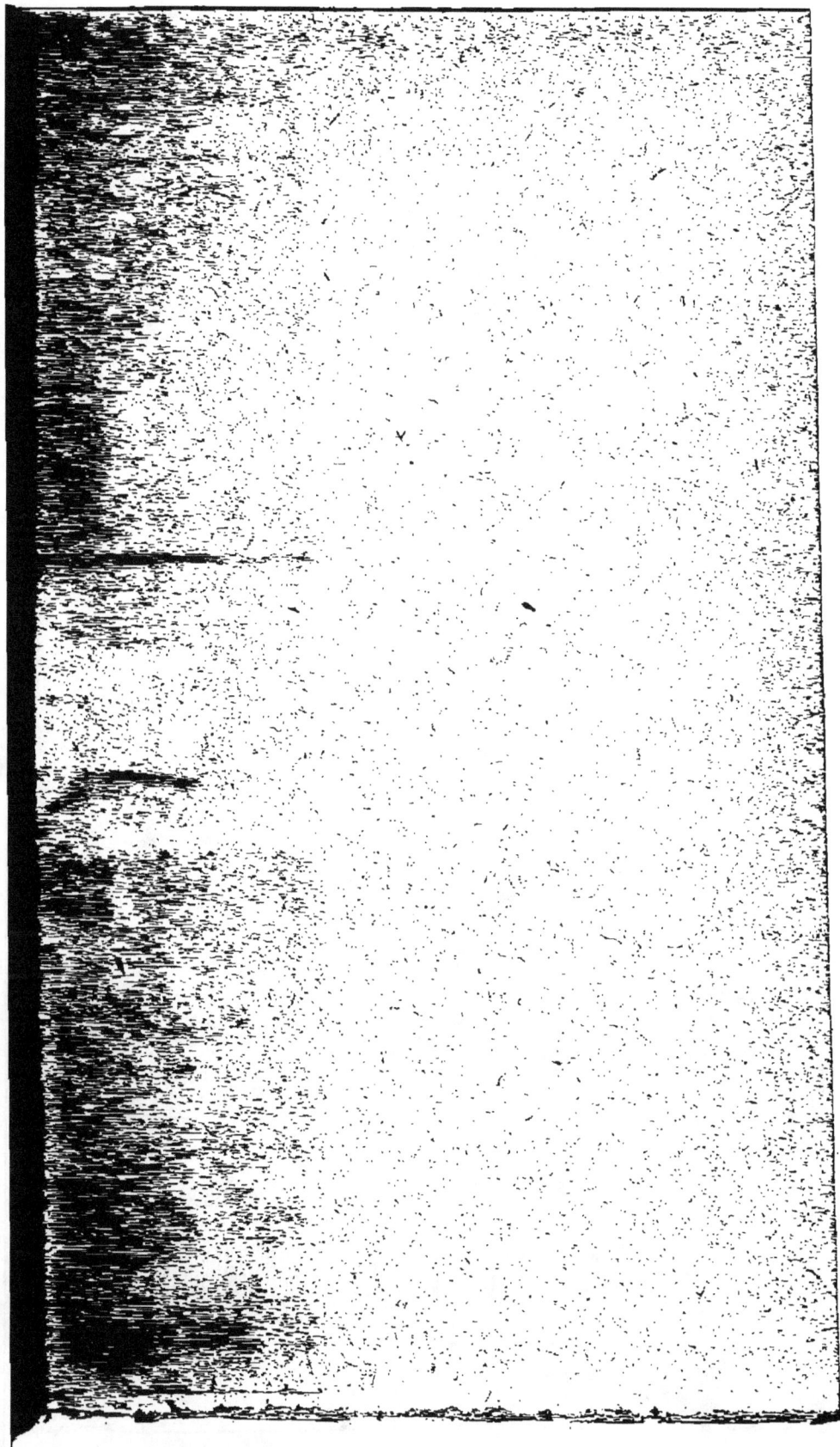